23. Avril 1780.

ORDONNANCE
DU ROI,

Portant Règlement fur le Service aux
Batteries, Corps-de-garde d'Obfervation & Signaux établis fur les Côtes.

Du 23 Avril 1780.

A PARIS,
DE L'IMPRIMERIE ROYALE.

M. DCCLXXX.

27. Avril 1780

TABLE

Des Titres contenus dans cette Ordonnance.

ORDONNANCE

ORDONNANCE
DU ROI,

Portant règlement sur le service aux Batteries, Corps-de-garde d'observation & Signaux établis sur les Côtes.

Du 23 Avril 1780.

DE PAR LE ROI.

A MAJESTÉ voulant expliquer ses intentions sur la manière dont Elle entend que le service soit fait aux Batteries, Corps-de-garde d'observation & signaux établis sur les Côtes; & sur les moyens à employer pour le transport des lettres & paquets qui devront passer d'un lieu ou d'un poste à un autre pour les besoins du service, Elle a ordonné & ordonne ce qui suit:

A

TITRE PREMIER.

De la Division & Distribution du Service sur les Côtes.

ARTICLE PREMIER.

DANS toutes les provinces Maritimes, les côtes seront divisées par départemens; le nombre des départemens sera réglé par le Commandant en chef de chaque province, en raison du plus ou moins d'étendue des côtes, & de l'importance des objets qu'elles pourront présenter : Entend Sa Majesté, que dans les provinces, telles que le Poitou, le Roussillon & autres, dont les côtes n'ont pas une grande étendue, il ne soit formé dans chacune qu'un seul département.

2.

IL sera employé dans chaque département, un Maréchal-de-camp ou un Brigadier, pour régler & diriger le service des Troupes, tant d'Infanterie que de Cavalerie ou Dragons, qui seront à ses ordres, celui des divisions de Canonniers-garde-côtes & des compagnies du Guet, & généralement tout ce qui devra concourir à la garde & à la sûreté des Ports, Côtes & Isles qui feront partie dudit département, conformément aux ordres & instructions que ledit Maréchal-de-camp ou Brigadier recevra du Commandant en chef de la province dans laquelle sera comprise son département.

3.

DANS tout département, le service aux batteries, corps-de-garde d'observation & signaux de la Côte, sera partagé en service d'été & en service d'hiver; le service d'été commencera au premier jour du mois de Mai, & finira au dernier Octobre; le service d'hiver commencera au premier Novembre, & finira au dernier Avril.

23. Avril 1780

3
4

LE service d'été & le service d'hiver, seront distingués en service ordinaire & en service extraordinaire, l'un & l'autre seront réglés & arrêtés dans chaque département, par le Commandant en chef de la province, suivant que les batteries, corps-de-garde d'observation & signaux seront jugés plus ou moins utiles par rapport aux objets pour lesquels ils auront été établis: Veut Sa Majesté qu'il soit dressé chaque année, pendant la durée de la guerre, à l'époque du 1.er Mai & à celle du 1.er Novembre, des états de ces différens services, conformes aux modèles joints à la présente Ordonnance; & qu'aux époques ci-dessus, lesdits états soient envoyés par le Commandant en chef de chaque province, au Secrétaire d'État ayant le département de la guerre.

5.

SA MAJESTÉ ayant réglé par l'article 16 de l'Ordonnance du 13 décembre 1778, que les Canonniers-garde-côtes, seront particulièrement attachés aux directions de l'Artillerie qui sont établies dans les provinces maritimes, & qu'il y aura autant de départemens de Canonniers-garde-côtes, qu'il y a de directions d'Artillerie sur l'étendue des côtes; Elle ordonne que dans chacune desdites directions, le nombre des batteries sera partagé entre les Officiers du Corps-royal de l'Artillerie qui y sont employés; qu'au commencement de chaque campagne, ils seront chargés de faire armer, réparer, approvisionner celles desdites batteries qui leur auront été confiées, & qu'ils veilleront au service qui devra s'y faire; qu'à la fin de ladite campagne lesdits Officiers feront désarmer les batteries qu'on aura jugé inutiles à conserver pendant l'hiver, & qu'ils feront renfermer dans les magasins, corps-de-garde & poudrières, les affûts, pièces d'armes & munitions de chacune desdites batteries: Entend Sa Majesté que dans toute direction d'Artillerie, le nombre des batteries soit aussi partagé entre les Officiers des divisions & compagnies de Canonniers-garde-côtes qui y seront attachés; que lesdits Officiers, ainsi que leurs troupes, soient employés à l'armement & au désarmement desdites batteries, ainsi qu'il sera ordonné par le Commandant de chaque département; & que dans les cas ci-dessus, de même que lorsqu'il s'agira de faire feu sur les Vaisseaux ennemis, ou de l'exercice d'instruction, ou de la réparation des batteries, lesdits Officiers de Canonniers-garde-côtes cèdent le commandement à l'Officier du Corps-royal de l'Artillerie qui sera chargé de ce service.

6.

LES voitures nécessaires, tant pour l'armement que pour le désarmement des batteries, seront fournies par les paroisses Garde-côtes de la division de Canonniers dans laquelle se trouveront lesdites batteries, & sur les ordres qui en seront donnés par les Officiers généraux ou particuliers de chaque province, qui sont en droit ou en usage d'en ordonner.

7.

IL sera employé dans chaque batterie principale, un Canonnier-gardien, qui sera chargé des pièces, munitions & autres effets de l'Artillerie; le même gardien sera chargé des batteries qui seront les plus à portée de celle où il résidera.

8.

EN l'absence des Officiers, les Canonniers-garde-côtes & leurs bas Officiers, seront subordonnés au gardien de la batterie, ou à celui qui en fera les fonctions, & exécuteront ce qu'il leur ordonnera sur les objets concernant le service de l'Artillerie.

9.

LES compagnies du Guet dont il sera fait mention dans la présente Ordonnance, seront distribuées comme celles des Canonniers-garde-côtes, par directions, par départemens & par divisions; le service desdites compagnies aux corps-de-garde d'observation & signaux de la côte, sera réglé par le Commandant en chef de chaque province, & compris

dans

dans les états, dont le modéle est joint à la présente Ordonnance.

TITRE II.

De la position des Batteries, Corps-de-garde d'observation & Signaux, & de leur entretien.

ARTICLE PREMIER.

LE nombre & l'espèce des batteries de la côte, leur emplacement, leur direction & leur armement, la position & l'établissement des corps-de-garde d'observation & des signaux, & généralement tous autres articles faisant partie de ces différens objets, ayant été déterminés sur les observations des Officiers généraux commandant dans les provinces maritimes, & autres Employés sur les côtes, & arrêtés par Sa Majesté, il ne pourra y être fait aucun changement que sur ses ordres, & d'après la proposition qui lui en aura été faite par le Commandant en chef de la province où se trouvera la batterie, le corps-de-garde d'observation, ou le signal qu'il s'agira de changer.

2.

LES Canonniers de chaque batterie, seront tenus à l'entretien de la batterie à laquelle ils seront attachés, répareront en gazonnage les parapets, merlons & épaulemens de terre, arracheront les herbes qui pourroient les dégrader; tiendront propres les plate-formes, & entretiendront les rigoles pour l'écoulement des eaux.

3.

LES Gardiens feront tous les jours, le matin & le soir, la visite de leurs batteries & magasins; ils auront la plus grande attention à ce que les magasins soient propres & bien rangés, à tenir les poudres séchement & en sûreté dans lesdits magasins, & répondront de la conservation des effets & munitions.

B

4.

DÈS qu'un Gardien apercevra qu'il y aura des réparations à faire dans les magasins dont il sera chargé, il en donnera avis au Commandant de la batterie, & en fera un état qu'il adressera au Directeur de l'Artillerie du département.

5.

LES Gardiens se trouveront toujours à leurs batteries lorsque la Garde relèvera ; ils vérifieront si l'ancienne Garde remet en bon état à la nouvelle, les effets qui lui auront été consignés. Pour que chaque Gardien puisse faire exactement cette vérification, il aura un double de la consigne, qui devra être donnée par le Directeur de l'Artillerie du département, avec un état des effets & ustensiles de ladite batterie ; & s'il manque quelques articles, ou qu'il y en ait d'endommagés, le Gardien en rendra compte au Directeur de l'Artillerie & au Commandant du département.

6.

LES Canonniers-postiches ou Soldats du Guet, qui fourniront des postes aux corps-de-garde d'observation & aux signaux, seront responsables des dégradations qui pourront y être faites pendant la durée de leur service. Il y aura à chaque corps-de-garde un état des effets & pavillons qui y seront nécessaires, afin que les postes qui relèveront puissent vérifier s'il n'y manque rien ; & dans le cas où il se trouvera des objets enlevés ou dégradés, le Chef du nouveau poste en rendra compte sur le champ à l'Officier de sa compagnie, & à celui qui sera chargé de visiter lesdits corps-de-garde & signaux.

Le service aux corps-de-garde d'observation & aux signaux devant cesser à l'époque du 1.er Novembre, pour recommencer au 1.er Mai, les effets & pavillons de chaque corps-de-garde seront marqués, numérotés & déposés dans les magasins des batteries les plus voisines desdits corps-de-garde, ou dans ceux qui servent au dépôt des armes des Canonniers-garde-côtes. Les clefs des corps-de-garde

7

d'observation seront entre les mains des Officiers du Guet,
qui résideront les plus à portée de la côte, lesquels seront
chargés de faire veiller pendant l'hiver, à ce qu'il ne soit
fait aucune dégradation auxdits corps-de-garde.

TITRE III.

De la distribution des Canonniers-garde-côtes aux Batteries, & des Soldats du Guet aux Corps-de-garde d'observation & Signaux.

ARTICLE PREMIER.

LE service des compagnies de Canonniers-garde-côtes
aux batteries, se fera par escouades composées de six hommes
chacune : Les deux premières escouades seront commandées
par les deux Sergens, les quatre suivantes par les quatre
Caporaux, & la septième par le premier Appointé : Les
compagnies de l'île de Belle-île qui sont portées à cent
hommes, seront pareillement divisées par escouades de six
hommes, & commandées par les Sergens, Caporaux &
Appointés desdites compagnies.

2.

LE service aux batteries sera réglé comme il est prescrit
à l'article 4 du titre premier de la présente Ordonnance, &
conformément à l'article 57 de celle du 13 décembre 1778.

3.

CHAQUE Capitaine de Canonniers formera, pour les
batteries auxquelles sa compagnie sera attachée, un rôle à
trois colonnes, dont la première contiendra le nom desdites
batteries & le calibre des pièces ; la seconde, le nom des
Canonniers ; & la troisième celui de leur demeure : ce rôle
sera remis à l'Officier du Corps-royal de l'Artillerie qui sera
chargé du service des batteries où devra servir la compagnie.

4.

IL y aura à chaque batterie, à la charge du Gardien, un contrôle, dans la forme de celui qui est prescrit par l'article 41 de l'Ordonnance du 13 décembre 1778; ce contrôle comprendra tous les Canonniers & bas Officiers destinés au service de la batterie, & sera présenté par le Gardien à l'Inspecteur général, au Directeur ou Sous-directeur de l'Artillerie, lorsqu'ils viendront à la batterie; & à tout autre Officier du Corps-royal, qui y sera envoyé pour commander, ou faire exercer & manœuvrer les Canonniers.

5.

LES Canonniers-garde-côtes qui seront commandés pour le service ordinaire ou extraordinaire des batteries, s'y rendront armés; en cas d'alarme, ils y marcheront sans armes, & le plus promptement possible; & leurs armes seront transportées des magasins aux batteries, sur des voitures qui seront fournies par les paroisses garde-côtes.

6.

LE service des compagnies du Guet aux corps-de-garde d'observation & signaux, se fera conformément à ce qui est prescrit par les articles 69, 70, 71, 72 de l'Ordonnance du 13 décembre 1778, & à ce qui sera réglé par le Commandant en chef de la province.

7.

IL y aura dans chaque corps-de-garde d'observation, pendant la durée du service à la côte, quatre fusils pour la sûreté des Soldats du Guet qui y feront la garde.

8.

IL sera établi à chacun desdits corps-de-garde, une consigne, tant pour le service de la côte, que pour celui des signaux.

9.

LES Officiers de Canonniers-garde-côtes, qui seront
détachés

9

détachés aux batteries, feront chaque jour la visite des batteries, corps-de-garde d'observation & signaux, dont ils feront chargés, suivant ce qui aura été réglé par le Commandant en chef de la province.

1 0.

VEUT Sa Majesté que pour le surplus des articles contenus dans ce Titre, & notamment pour le nombre de Canonniers & de Soldats du Guet qui doivent être employés, tant aux batteries qu'aux corps-de-garde d'observation, les Commandans en chef des provinces se conforment à ce qui leur a été mandé le 3 Juin dernier, par le Secrétaire d'État ayant le département de la guerre, de l'ordre de Sa Majesté.

T I T R E I V.

Inspection & Revue.

ARTICLE PREMIER.

EN conséquence de l'article 17 de l'Ordonnance du 13 décembre 1778, l'Inspecteur général & le Directeur ou Sous-directeur de l'Artillerie, après en avoir pris l'ordre du Commandant en chef de la province, feront chaque année, pendant la guerre, l'inspection des compagnies de Canonniers-garde-côtes détachées aux batteries; ils feront appeler nom par nom, les Canonniers attachés à chaque batterie; ils leur feront faire l'exercice du canon pour juger de l'instruction qu'ils auront reçue; ils visiteront en même-temps les corps-de-garde d'observation & les signaux, pour voir si le service s'y fait exactement.

2.

LES Chefs de division feront une fois par mois, l'inspection des Canonniers de leur division, qui feront employés fur les Batteries. Cette inspection fera faite dans chaque batterie, & les Canonniers feront l'exercice du canon.

C

Veut Sa Majesté que lesdits Chefs de division soient payés sur les revues des Commissaires des guerres, de leurs appointemens pendant les six mois d'été, à dater du mois de Mai, pour leur tenir lieu d'indemnité des frais qu'ils feront dans le cas de faire pour remplir leurs fonctions; son intention est aussi que lesdits Chefs de division portent pour marques distinctives, les épaulettes de Major.

3.

LE Directeur de l'Artillerie sera chaque année pourvoir de bonne heure les batteries, de toutes les munitions qu'il jugera nécessaires, ou qui auront été demandées par le Commandant en chef de la province, en raison de l'utilité & de l'importance de chaque batterie.

4.

LORSQUE le Directeur ou le Sous-directeur de l'Artillerie fera sa tournée, il visitera toutes les batteries, les munitions & les magasins dans lesquels elles seront déposées, & se fera rendre compte de l'emploi des munitions par les Officiers de Canonniers-garde-côtes ou par les Gardiens qui en auront été chargés.

5.

IL ordonnera toutes les réparations qui pourront être faites aux batteries par les Canonniers-garde-côtes.

6.

IL sera rendu compte au Commandant en chef de la province, par le Directeur ou Sous-directeur de l'Artillerie & par le Chef de division, des inspections qui auront été faites par chacun desdits Officiers.

TITRE V.

Des Magasins & Munitions.

ARTICLE PREMIER.

LES munitions pour le service des batteries, seront déposées

11

dans les magasins & poudrières desdites batteries, ou dans les magasins qui seront loués pour le compte de Sa Majesté à cet effet, le plus à portée des batteries qu'il se pourra.

2.

LES Gardiens auront un inventaire des pièces, munitions & attirails d'Artillerie dont ils seront chargés, & tiendront un état exact de leurs remises & consommations par jour & date, pour le représenter lorsqu'ils en seront requis.

3.

ILS enverront l'état de ces remises & consommations au Directeur de l'Artillerie, aux époques qu'il leur désignera; s'il se fait une consommation au-delà du sixième de ce qu'il y en aura en magasin, le Gardien en donnera avis sur le champ au Directeur, & portera cette consommation sur l'état qu'il devra lui envoyer.

4.

S'IL y a un magasin général pour plusieurs batteries, il ne sera porté dans chacun que ce qui sera nécessaire pour le service des pièces, le surplus restera audit magasin.

5.

LES munitions destinées au service des canons & mortiers, ne seront délivrées que pour la consommation des batteries auxquelles elles seront affectées, & il n'en pourra être transporté ailleurs que sur les ordres du Commandant du département, du Directeur de l'artillerie ou du Sous-directeur. Si dans les magasins il se trouve des munitions pour l'Infanterie, elles seront désignées comme telles dans l'inventaire & mises à part dans ledit magasin.

6.

LE remuement & le transport des munitions sera fait par les Canonniers-garde-côtes, & s'il faut quelques secours extraordinaires pour exécuter ce travail, les Maires & Échevins fourniront les hommes & les chevaux nécessaires, fur l'ordre qui leur en fera donné par l'Intendant de la province ou fes Subdélégués : Veut Sa Majefté que dans le cas d'une attaque effectuée ou prévue, lefdits Maires ou Échevins, ne puiffent refufer ce fecours, fur la demande qui leur en fera faite par le Commandant du département, le Directeur ou le Sous-directeur de l'Artillerie, & même du Commandant de la batterie de tel grade qu'il puiffe être.

TITRE VI.

Du Service journalier des Batteries.

ARTICLE PREMIER.

LES Canonniers-garde-côtes qui feront commandés pour les batteries s'y rendront armés, & feront conduits par leurs Officiers ou bas Officiers, felon qu'ils marcheront par compagnie, par demi-compagnie ou par efcouades.

2.

IL fera établi des fentinelles à toutes les batteries, le nombre en fera réglé en raifon de celui des Canonniers qui y feront de fervice, & des objets fur lefquels il y aura à veiller.

3.

LES fentinelles ne laifferont faire aucunes dégradations aux batteries; elles empêcheront qu'il n'en foit enlevé aucun effet, ni quoi que ce puiffe être appartenant à Sa Majefté, fans la permiffion du Commandant.

4.

ELLES ne laifferont entrer dans lefdites batteries que les Officiers de fervice & autres perfonnes qui feront connues ou qui auront des permiffions par écrit du Commandant ou du Directeur de l'Artillerie du département; elles arrêteront & feront reconnoître les troupes qui fe préfenteront, foit pour relever les Canonniers de fervice, foit pour en

augmenter

13

augmenter le nombre, & telle autre troupe que ce soit ; elles avertiront le Commandant de tout ce qu'elles apercevront à la mer & sur la côte, & qui leur paroîtra mériter attention.

5.

IL sera fait le jour & la nuit des rondes & des patrouilles au dehors des batteries & sur la côte, tant pour la sûreté desdites batteries que pour empêcher qu'il ne se passe rien de préjudiciable au service : Pour le surplus, il y aura à chaque batterie une consigne particulière relative à la position, à l'étendue & à l'importance desdites batteries, & cette consigne sera donnée par le Commandant du département.

6.

QUOIQU'IL ait été réglé par l'article 54 de l'Ordonnance du 13 décembre 1778, qu'il y aura dans chaque direction une ou deux écoles du canon pour l'instruction des Canonniers-garde-côtes ; un exercice suivi, étant le seul moyen de les former au service & à l'exécution des pièces, ceux qui seront détachés aux batteries y feront l'exercice du canon une fois par jour.

7.

DANS les exercices que l'on fera faire aux Canonniers-garde-côtes, on aura soin de les instruire de la charge qui convient à chaque calibre, & qui ne doit jamais passer le tiers du poids du boulet pour les pièces de dix-huit livres & au-dessus ; on leur observera qu'on peut la porter à quatre livres & demie pour les pièces de douze, à trois livres un quart pour celles de huit, à deux livres trois quarts pour celles de six, & à deux livres pour celles de quatre.

8.

LES charges qu'on vient de déterminer, qui conviennent aux pièces de la longueur de celles dont on se sert dans les armées, pour leur procurer la plus longue portée, doivent être diminuées quand on n'a pas besoin de tout leur effet ; si les pièces sont plus courtes, on diminuera les charges d'environ un septième ; & s'il s'en trouve de foibles de métal, on aura attention de fixer la charge qui leur conviendra.

9.

IL ne sera mis de charges en gargousses que le nombre ordonné par le Directeur de l'Artillerie, d'après ce qui lui en aura été prescrit par le Commandant en chef de la province.

10.

DANS le cas où les circonstances auroient obligé de remplir un plus grand nombre de gargousses, l'excédant sera remis en baril, & toutes les charges en général seront pareillement tenues en barils, coffrets ou garde-feu.

11.

ON ne tiendra ni canon ni mortier chargés dans les batteries, à moins que l'ordre n'en ait été donné par le Commandant : on ne chargera les bombes que dans le besoin, mais elles seront d'avance rendues propres à recevoir la poudre, & seront empilées l'œil en bas, pour qu'elles ne se remplissent ni d'eau, ni de terre.

12.

IL ne sera tiré des batteries aucun coup de canon ni de mortier, soit pour souffler les pièces, soit pour les éprouver, ou pour des saluts, sans un ordre par écrit, qui sera représenté avec l'état des consommations.

TITRE VII.

Des Signaux.

ARTICLE PREMIER.

IL sera établi des signaux à chaque batterie principale, dont l'objet sera de défendre l'entrée d'un port, d'une rivière, d'une baye, ou de quelque mouillage de conséquence ; les mêmes signaux seront établis aux corps-de-garde d'observation les plus élevés & les plus à la vue de la campagne.

2.

IL y aura à chaque batterie & corps-de-garde, pour faire les signaux, trois pavillons ; savoir, un bleu, un blanc & un rouge : cette distribution sera indépendante de celle qui existe à l'entrée de certains ports, tels que Brest, Saint-Malo & autres, tant pour la sûreté desdits ports que pour l'observation de ce qui se passe à la mer.

3.

LE pavillon bleu sera hissé pour signaler les Bâtimens inconnus, le blanc pour les François & leurs Alliés, & le rouge pour les Ennemis.

4.

IL sera remis aux Commandans des batteries, une feuille des signaux de reconnoissance, soit de jour, soit de nuit, dont les Vaisseaux & autres Bâtimens de Sa Majesté feront usage pour se faire reconnoître en se présentant devant lesdites batteries : cette feuille sera toujours cachetée, & ne pourra être ouverte qu'au besoin ; chaque fois que le Commandant de la batterie en aura fait usage, il aura soin d'y remettre son cachet.

5.

LES Vaisseaux & autres Bâtimens de Sa Majesté, qui seront dans le cas de se présenter aux batteries, soit de jour, soit de nuit, ne pourront se dispenser, sous tel prétexte que ce puisse être (excepté pour des raisons de temps ou de circonstances assez critiques pour ne pouvoir être contestées) de faire les signaux de reconnoissance dont ils doivent être pourvus par la Cour ; dans le cas contraire, les Commandans des batteries seront autorisés à employer les moyens d'usage pour obliger lesdits Vaisseaux & autres Bâtimens de Sa Majesté à se faire reconnoître, & il sera rendu compte de la conduite qu'auront tenue à cette occasion les Capitaines ou autres Officiers commandant lesdits Bâtimens, au Commandant en chef de la province, qui en informera le Secrétaire d'État ayant le département de la Marine.

6.

LES Vaisseaux & autres Bâtimens de Sa Majesté, qui seront en retour de quelque voyage de long cours, & qui n'auroient pas les signaux de reconnoissance, se feront connoître, soit par les réponses qu'ils donneront aux questions qui leur seront faites des batteries, lorsqu'ils pourront être hélés, soit en envoyant leur canot vers lesdites batteries, s'ils ne peuvent en passer assez à portée pour se faire entendre.

7.

DANS le cas où les Vaisseaux ou autres Bâtimens de Sa Majesté, seront forcés d'entrer dans une rade ou un port, ou de se retirer sous la protection d'une batterie, sans avoir pu se faire connoître par quelqu'un des moyens qui viennent de leur être prescrits, ils feront, dès qu'ils seront mouillés, les signaux de reconnoissance; & s'ils ne sont pas pourvus desdits signaux, ils mettront leur canot à la mer, pour se faire connoître à la batterie qui se trouvera le plus à portée du port ou de la rade où ils seront entrés, ou de la batterie devant laquelle ils seront mouillés, à moins toutefois que la violence du vent ou quelqu'autre circonstance ne soit un obstacle à ce que le canot puisse naviguer avec sûreté.

8.

LES Corsaires ou Bâtimens du commerce, pourront avoir des signaux particuliers pour se faire connoître par les batteries de la côte, où ils devront les déposer avant d'aller à la mer.

9.

LES Corsaires & autres Bâtimens qui ne seront pas convenus à l'avance de quelques signaux particuliers avec les batteries, pour se faire connoître, se conformeront aux articles 6 & 7 du présent Titre, selon qu'ils se trouveront dans l'un des cas

qu

17

qui y font prévus; & faute par les Officiers commandant lefdits bâtimens, d'avoir exécuté ce qui leur eft prefcrit par les articles ci-deffus, il en fera rendu compte au Commandant en chef de la province, qui en informera le Secrétaire d'État ayant le département de la Marine.

10.

SI les Vaiffeaux de Sa Majefté, ou tous autres Bâtimens François, viennent pour entrer dans un port ou une rade, ou pour mouiller devant la batterie fans avoir fait leurs fignaux de reconnoiffance, il leur fera tiré un coup de canon à poudre pour les avertir, puis un coup à boulet en avant defdits Bâtimens s'ils ne les faifoient pas, & enfin un coup dans le corps defdits Bâtimens, à moins qu'ils ne fe trouvent dans le cas prévu à l'article 7, auquel cas ils feront tenus de fe conformer à ce qui leur eft prefcrit par ledit article.

11.

SI l'on aperçoit pendant le jour des Bâtimens ennemis, & qu'on juge par leur direction & leur manœuvre que leur objet eft de s'approcher de la côte pendant la nuit, les Commandans des batteries & corps-de-garde d'obfervation, prendront toutes les précautions néceffaires pour la fûreté de leur pofte, & donneront avis de l'apparition defdits Bâtimens aux Officiers fupérieurs de la divifion & du département.

12.

TOUTES les fois que par leur nombre, leur force & leurs manœuvres, les Bâtimens ennemis qui paroîtront à la vue des batteries & corps-de-garde d'obfervation, pourront faire préfumer quelqu'entreprife férieufe fur la côte, les Officiers commandant lefdites batteries & corps-de-garde feront faire le fignal d'alarme, & rendront compte fur le champ de ce qui fe paffera, aux Chefs de leur divifion & aux Officiers fupérieurs qui feront à portée de leurs poftes.

E

TITRE VIII.

De l'Alarme.

ARTICLE PREMIER.

IL sera établi à quelques - uns des corps - de - garde d'observation où doivent se faire les signaux, une pièce de canon & ses pièces d'armes sans affût, & il y aura toujours dans chacun desdits corps-de-garde, pendant la durée du service d'été, trois charges de poudre pour la pièce, dans un coffret ou garde-feu, dont la clef sera entre les mains du Commandant du poste.

2.

LE signal d'alarme, soit de jour, soit de nuit, sera marqué par trois coups de canon tirés de la batterie la plus à portée de l'ennemi ou de celle d'où l'on aura pu juger le mieux de ses manœuvres; lesdits trois coups de canon seront incessamment répétés par toutes les batteries & corps-de-garde d'observation de la division des Canonniers-garde-côtes où le signal aura été donné.

3.

AU signal d'alarme, les Canonniers les plus à portée de la côte, & ceux des paroisses de l'intérieur qui l'auront entendu, se rendront sur le champ aux batteries auxquelles ils seront attachés. Ceux desdits Canonniers qui habiteront le lieu où sera le magasin de leur compagnie, ou qui devront le traverser pour se rendre à leur poste, prendront leurs armes en passant; le surplus desdites armes sera porté auxdites batteries sur des voitures; & les Canonniers qui n'auront pas pu entendre le signal, seront avertis & rassemblés le plus tôt possible, pour être conduits aux batteries par leurs Officiers.

4.

LE Commandant de chaque batterie ordonnera aussitôt les dispositions nécessaires pour recevoir l'ennemi; il sera

19

placer près de chaque pièce les armemens propres à son exécution ; il fera ranger les boulets auprès desdites pièces & préparer des bouchons pour tenir lieu de valets s'il en manque ; il fera placer les barils à gargousses dans un endroit où ils ne soient point exposés au feu de la batterie, ni à celui de l'ennemi, & fera préparer une quantité suffisante desdites gargousses chargées.

5.

EN ordonnant les mêmes dispositions pour les mortiers, le Commandant de la batterie aura attention que les Canonniers qui devront les servir, aient, dans leur pulvérin, de la composition toute préparée ; il fera charger cinq bombes par mortier, qui feront remplacées à mesure qu'elles feront employées ; il veillera à ce que les Canonniers n'enfoncent les fusées qu'à la main, & ne les chassent qu'au moment où elles devront être portées dans le mortier, afin qu'ils puissent décharger celles dont on n'aura pas fait usage.

6.

LES pièces étant chargées, elles ne feront amorcées qu'au moment de faire *feu* ; en attendant, il fera mis un bouchon d'étoupe sèche dans la lumière, que l'on couvrira d'une platine ou d'un chapiteau : les mortiers ne feront chargés qu'au moment de les tirer.

7.

LORSQUE l'ennemi fera retiré, on déchargera avec le tire-boure & la cuillère les pièces qui feront chargées ; on remettra les armemens chacun en leur place, & les barils à gargousse dans les magasins.

8.

DANS toutes les occasions d'alarme, s'il se trouve des magasins qui ne soient pas assez à portée des batteries pour pouvoir aller prendre les munitions dont on aura besoin, les paroiffes dans lefquelles feront établies les batteries fourniront des voitures qui fe rendront auxdits magafins auffitôt que le fignal d'alarme aura été donné ; & afin que ce fervice ne fouffre point de retardement, le nombre de ces voitures fera réglé d'avance, & les Maires ou Syndics feront chargés d'ordonner lefdites voitures & de les faire partir fur le champ.

TITRE IX.

De l'exécution des Pièces.

ARTICLE PREMIER.

LORSQU'IL s'agira de faire feu fur l'ennemi, le Commandant de la batterie portera fon attention à toutes les pièces, il fera obferver aux Canonniers de ne pas trop fe preffer pour tirer, afin de bien pointer, de tirer plus fûrement, & de ne point confommer mal-à-propos les munitions.

2.

LA charge du canon à boulet & celle du mortier, feront proportionnées à la diftance où fera l'ennemi, mais celle du canon à mitraille ne fera point diminuée ; on obfervera que le poids de cette mitraille n'excède pas d'un quart en fus celui du boulet, & de ne jamais mettre ladite mitraille fur le boulet.

3.

SI l'ennemi tente une defcente, les Canonniers tireront au milieu des chaloupes de débarquement, préférablement aux Vaiffeaux, afin d'en rompre l'ordre & la marche, de les couler bas & d'y porter tout le défordre poffible.

4

LES chaloupes approchant du rivage, les Canonniers tireront

21

tireront à mitraille, obfervant de pointer les pièces d'un ou deux degrés plus haut que pour tirer à boulets.

5.

DANS les batteries dont les feux feront rafans, les pièces chargées à boulet feront pointées un peu bas, & toujours en avant des bâtimens qui marcheront, afin que le ricochet en foit plus fûr & de plus grand effet.

6.

LES mortiers feront pointés fur les Vaiffeaux mouillés pour les obliger à lever l'ancre; on les dirigera particuliè-rement fur les Frégates qui s'avanceront pour protéger le débarquement; & leur charge, ainfi que la durée du feu de la fufée, feront mefurées fuivant la diftance de l'ennemi, en forte que la bombe porte jufte fur ces Bâtimens.

7.

ON jettera auffi quelques bombes au milieu des chaloupes de débarquement pendant qu'elles feront encore au large, de manière que lefdites bombes puiffent crever à fleur-d'eau; lorfque les chaloupes approcheront du rivage, on pourra n'employer dans le mortier que de petites charges, & mettant un plateau de bois fur la poudre, rempliffant enfuite le mortier de pierres dures ou cailloux dont les in-tervalles foient garnis de terre battue, tirer avec cette efpèce de mitraille au milieu des chaloupes.

8.

L'ENNEMI ayant exécuté fon débarquement, les Canon-niers-garde-côtes, évacueront les batteries de la manière qui leur fera prefcrite par le Commandant du département ou l'Officier fupérieur qui le repréfentera : ils fe retireront dans les retranchemens ou poftes qui leur feront indiqués, & y attendront des ordres ultérieurs.

F

TITRE X.

Du Pédonage ou transport des Lettres & Paquets, qui devront passer d'un poste à un autre pour les besoins du Service.

ARTICLE PREMIER.

SA MAJESTÉ ayant réglé par l'article 69 de l'Ordonnance du 13 décembre 1778, que les compagnies de Canonniers-postiches, ou compagnies du Guet, seroient assujetties en temps de guerre au service du pédonage, ou à fournir les hommes nécessaires pour porter d'un lieu ou d'un poste à un autre, les lettres & paquets des Officiers commandant sur les côtes, lesdites compagnies du Guet seront incessamment formées dans toutes les paroisses Garde-côtes des provinces maritimes, de la même manière & ainsi qu'il est prescrit par les articles 66, 67 & 68 de ladite Ordonnance.

2.

LES Capitaines des compagnies du Guet, seront chargés de diriger le service du pédonage, & dans le cas où lesdits Capitaines n'auroient pas leur domicile dans le bourg ou le village où devront passer les lettres & paquets, le Lieutenant, ou un des Lieutenans s'il y en a plusieurs dans le bourg ou village, recevra & fera partir lesdites lettres & paquets.

3.

COMME il se trouve dans l'étendue des paroisses, des lieux principaux qui en dépendent, tels que les annexes, dont les habitans doivent être compris dans les compagnies du Guet desdites paroisses, il sera établi dans chacune des annexes, quelle qu'en soit la dénomination, un Lieutenant pour être chargé de diriger & surveiller le service du pédonage.

23. Avril 1780.

23

4.

LES gens mariés ou garçons depuis l'âge de dix-huit ans jusqu'à soixante, qui auront leur domicile dans les bourgs, villages & annexes où seront établis les Capitaines ou Lieutenans, seront affectés au service du pédonage de préférence aux autres habitans ; & dans le cas où lesdits lieux ne seroient pas assez peuplés pour fournir le nombre de Pédons suffisant pour remplir le service, on y assujettira ceux qui demeureront le plus à portée. Il sera tenu par chaque Capitaine ou Lieutenant du Guet, un rôle exact du nombre des habitans de chaque paroisse, conformément à ce qui est expliqué dans le présent article.

5.

CHAQUE Capitaine ou Lieutenant, choisira parmi les habitans les plus proches de son domicile, deux hommes intelligens, qu'il établira Sergens du Guet.

6.

LE rôle des habitans sujets au pédonage étant arrêté, le Capitaine ou Lieutenant du Guet en commandera tous les Dimanches à l'issue de la Grand-messe, deux au moins & six au plus, suivant les circonstances, pour faire le service pendant la semaine, à commencer du lundi matin ; il suivra exactement le tour de rôle pour commander ce service, & fera relever de semaine en semaine les Pédons qui auront été commandés, quand même ils n'auroient pas marché.

7.

DÈS que les lettres & paquets seront remis ou apportés au Capitaine ou Lieutenant du Guet, il notera sur lesdites lettres ou paquets l'heure de l'arrivée, & chargera un des Sergens de les porter à celui des Pédons de semaine qui sera à marcher. Le Sergent dira au Pédon le nom du lieu & du correspondant auquel le paquet devra être porté, & il viendra rendre compte du départ au Capitaine ou Lieutenant de la compagnie.

8.

Les Capitaines du Guet, qui tiendront des rôles exacts & détaillés du nombre des habitans de leur paroisse, depuis dix-huit ans jusqu'à soixante, & qui dirigeront eux-mêmes le service du pédonage avec l'attention & l'exactitude qu'il exige, suivant ce qui vient d'être dit, jouiront des exemptions ci-après :

1.° Ils seront exempts du tirage pour le remplacement des compagnies de Canonniers-garde-côtes :

2.° Ils jouiront de la même exemption pour un de leurs enfans, à leur choix, ou pour un Valet, en cas qu'ils n'aient point d'enfans :

3.° Ils ne pourront être commandés pour les aplanissemens, fossoyemens & autres ouvrages préparatoires de grands chemins, qui se font ordinairement en commun par les paroisses; & seront dispensés de travailler à leur tâche pendant la campagne :

4.° Ils seront également dispensés des travaux auxquels les compagnies du Guet sont tenues pour les réparations des retranchemens de la côte, ainsi que des chemins qui y conduisent & communiquent aux batteries; mais ils continueront d'être employés à l'armement & désarmement desdites batteries, qui doivent être exécutés par les paroisses Garde-côtes.

Ceux desdits Capitaines qui tiendront des rôles exacts & détaillés de la population de leurs paroisses, mais qui ne dirigeront pas eux-mêmes le service du pédonage, jouiront des exemptions énoncées ci-dessus, à l'exception de la troisième.

9.

Les Lieutenans du Guet qui dirigeront le service du pédonage, jouiront de toutes les exemptions de l'article précédent, à l'exception de la seconde, & ils seront de plus

exempts

25

exempts du service aux corps-de-garde d'observation & signaux de la côte.

Les Sergens jouiront de la quatrième exemption ; ils seront pareillement exempts du service au corps-de-garde d'observation & signaux, & ne seront tenus qu'à recevoir les lettres & paquets des Capitaines ou Lieutenans pour les remettre aux Pédons qui devront les porter.

Les habitans qui seront inscrits sur le rôle des Pédons, jouiront des mêmes exemptions que les Sergens, & seront tenus à porter les lettres & paquets comme il a été expliqué.

10.

TOUTES les lettres & paquets qui seront portés par les Pédons, seront contre-signés du nom de celui qui les enverra & qui marquera l'heure à laquelle il les fera partir, & le lieu où il les enverra.

11.

LE Capitaine ou Lieutenant du Guet de chaque paroisse, tiendra un état des lettres & paquets, dans lequel seront marqués le nom de ceux qui les auront contre-signés, & les lieux où ils auront passé, & il l'enverra tous les mois au Capitaine chef de la division.

12.

AUCUN Officier de quelque grade qu'il puisse être, ne pourra faire marcher les Pédons pour des objets étrangers au service, cette correspondance n'étant établie que pour faire passer promptement les nouvelles de la mer aux Officiers supérieurs, & leurs ordres dans les cas imprévus & qui exigent de la célérité : Veut Sa Majesté que dans les cas très-pressés, & lorsque le mauvais temps, la difficulté des chemins ou l'éloignement des lieux paroîtront l'exiger, il soit fourni des chevaux aux Pédons, par les paroisses Garde-côtes, sur la demande qui en sera faite aux Maires ou Syndics desdites paroisses par les Capitaines ou Lieutenans du Guet.

G

MANDE & ordonne Sa Majesté à Monf. le Duc de Penthièvre, Amiral de France & Gouverneur de Bretagne, aux Gouverneurs & Commandans généraux dans ses provinces de Picardie, Normandie, Bretagne, Poitou, Aunis, Saintonge, Guyenne, Roussillon, Languedoc & Provence, aux Maréchaux-de-camp & Brigadiers employés sur les côtes de l'Océan & de la Méditerranée, aux Inspecteurs généraux des Canonniers-garde-côtes, aux Directeurs de l'Artillerie dont les départemens s'étendent sur les côtes, comme aussi aux Intendans & Commissaires des guerres & à tous autres qu'il appartiendra, de tenir la main à l'exécution de la présente Ordonnance.

FAIT à Versailles le vingt-trois avril mil sept cent quatre-vingt. *Signé* LOUIS. *Et plus bas*, LE PRINCE DE MONTBAREY.

LE DUC DE PENTHIÈVRE,
Amiral de France, Gouverneur & Lieutenant général pour le Roi en sa province de Bretagne.

VU l'Ordonnance du Roi, ci-dessus & des autres parts, à nous adressée : MANDONS à tous ceux sur qui notre pouvoir s'étend, de l'exécuter & faire exécuter selon sa forme & teneur. FAIT à Vernon le vingt-neuf Avril mil sept cent quatre-vingt. *Signé* L. J. M. DE BOURBON. *Et plus bas*, Par Son Altesse Sérénissime. *Signé* DUCOUDRAY.

ANNÉE 178   ÉTAT *général des Dépenses des Hôpitaux du Royaume, & des Pertes que le Roi a faites en hommes, tant dans lesdits Hôpitaux que dans les Régimens, sur la totalité de ses Troupes.*

Maison de Roi exceptée.	TOTAL des Troupes du Roi, guerres au complet.	GENRE de MALADIES.	NOMBRE D'HOMMES		QUANTITÉ de Journées de MALADES.	RÉSULTAT du nombre de Jours que chaque Fiévreux, Blessé & Vénérien ont demeuré à l'Hôpital.			Nombre de Lits.
			SORTIS.	MORTS.					Draps de lits.
									Chemises.
		FIÉVREUX....				L'un portant l'autre ont donné	journées à un mort sur	sortis.	Bonnets.
		BLESSÉS,....				L'un portant l'autre ont donné	journées à un mort sur	sortis.	Coiffes de bonnets.
		VÉNÉRIENS,.				L'un portant l'autre ont donné	journées à un mort sur	sortis.	Capotes.
									Draps à paillasses.
		TOTAL...							L'hôpital.

MASSES DES DÉPENSES DES HÔPITAUX.

JOURNÉES de Malades à   la journée, montent à la somme de
SORTIES, à six sous l'une, à celle de
MORTS, à deux livres par sépulture, à celle de
JOURNÉES d'Employés servans, suivant les proportions, à celle de

APPOINTEMENS & LOGEMENS des Officiers de santé, & autres Employés au compte du Roi, suivant les États fournis par les Commissaires-ordonnateurs, montent à celle de

DÉPENSES pour les Bâtimens, montent à

DÉPENSES extraordinaires, à

RÉPARTITION SUR LE NOMBRE DE JOURNÉES DE MALADES.

L'UNIVERSALITÉ des Dépenses des Hôpitaux, répartie sur la totalité des journées de Malades, fait revenir la journée à   d'où il résulte que le traitement de chaque Fiévreux, par le nombre de jours qu'il a demeuré à l'Hôpital, coûte au Roi la somme de

Celui de chaque Blessé, celle de

Et celui de chaque Vénérien, celle de

PERTES EN HOMMES DANS LES HÔPITAUX, SUR LA TOTALITÉ DES TROUPES.

SA MAJESTÉ a perdu
- sur les Fiévreux morts pendant l'année   hommes, ce qui revient à un sur   ci
- sur les Blessés, idem   hommes, ce qui revient à un sur   ci
- sur les Vénériens, idem   hommes, ce qui revient à un sur   ci
- sur les Incurables renvoyés des Hôpitaux   hommes, ce qui revient à un sur   ci

PERTES EN HOMMES DANS LES RÉGIMENS,
suivant les États fournis par les Conseils d'administration, & vérifiés par les Commissaires des guerres chargés de la Police.

Déserteurs Galériens,
Déserteurs contumacés,

Congés d'infirmité,
Congés de grâce,
Congés absolus,

Soldats passés aux Invalides,
Bas Officiers faits Officiers,

TOTAL DES HOMMES à remplacer

Ce qui revient sur la totalité des Troupes à un homme sur

GÉNÉRALITÉ
D
HÔPITAUX MILITAIRES.
TRIMESTRE d 176

RELEVÉ GÉNÉRAL des États des Hôpitaux Militaires de la Généralité d fournis par les Médecins, Chirurgiens-majors & Commissaires des guerres chargés de la Police ; du nombre des Fiévreux, Blessés & Vénériens sortis & morts, & de la quantité de Journées qu'ils ont donné.

SAVOIR:

RÉSIDENCES des Commissaires.	HÔPITAUX.	NOMS DES				NATURE des MALADIES.	NOMBRE DE		QUANTITÉ de Journées de Malades.	RÉSULTAT.	EXTRAIT DES OBSERVATIONS de MM. les Médecins & Chirurgiens-majors.
		COMMISSAIRES des guerres.	MÉDECINS.	CHIRURGIENS-MAJORS.	APOTHICAIRES en Chef.		Sortis.	Morts.			
						Fiévreux. Blessés. Vénériens.				L'un portant l'autre on donné journées & en mort sur sortis. Idem. Idem.	
						Fiévreux. Blessés. Vénériens.				L'un portant l'autre on donné journées & en mort sur sortis. Idem. Idem.	
						Fiévreux. Blessés. Vénériens.				L'un portant l'autre on donné journées & en mort sur sortis. Idem. Idem.	
						Fiévreux. Blessés. Vénériens.				L'un portant l'autre on donné journées & en mort sur sortis. Idem. Idem.	
						Fiévreux. Blessés. Vénériens.				L'un portant l'autre on donné journées & en mort sur sortis. Idem. Idem.	
						Fiévreux. Blessés. Vénériens.				L'un portant l'autre on donné journées & en mort sur sortis. Idem. Idem.	
						Fiévreux. Blessés. Vénériens.				L'un portant l'autre on donné journées & en mort sur sortis. Idem. Idem.	
						Fiévreux. Blessés. Vénériens.				L'un portant l'autre on donné journées & en mort sur sortis. Idem. Idem.	
						Fiévreux. Blessés. Vénériens.				L'un portant l'autre on donné journées & en mort sur sortis. Idem. Idem.	
						Fiévreux. Blessés. Vénériens.				L'un portant l'autre on donné journées & en mort sur sortis. Idem. Idem.	
TOTAUX........											

RÉSULTAT DE L'ENSEMBLE DES HÔPITAUX DE LA GÉNÉRALITÉ.

GENRES de MALADIES.	SORTIS.	MORTS.	QUANTITÉ de JOURNÉES DE MALADES.		
BLESSÉS......				Les Fiévreux ont donné à l'Hôpital,	jours & un mort sur
FIÉVREUX......				Les Blessés, idem.	jours & un mort sur
VÉNÉRIENS.....				Les Vénériens, idem.	jours & un mort sur
TOTAL.....					

RAPPORT des Observations de M.rs les Commissaires chargés de la Police.

OBSERVATIONS de M.rs les Commissaires-ordonnateurs ou Principaux.

VU & vérifié par nous Commissaire-ordonnateur des guerres, le Relevé général ci-contre, conforme aux états particuliers fournis par les Commissaires des guerres, chargés de la police desdits Hôpitaux Militaires dans cette Généralité.
FAIT à   ce   178